Anne van Stappen

Caderno de exercícios para evoluir graças às pessoas difíceis

Ilustrações de Jean Augagneur

Tradução de Stephanie Matousek

EDITORA VOZES

Petrópolis

© Éditions Jouvence S.A., 2013
Chemin du Guillon 20
Case 143
CH—1233 — Bernex
http://www.editions-jouvence.com
info@editions-jouvence.com

Tradução do original em francês intitulado
Petit cahier d'exercices pour évoluer grâce aux personnes difficiles

CONSELHO EDITORIAL

Diretor
Volney J. Berkenbrock

Editores
Aline dos Santos Carneiro
Edrian Josué Pasini
Marilac Loraine Oleniki
Welder Lancieri Marchini

Conselheiros
Elói Dionísio Piva
Francisco Morás
Gilberto Gonçalves Garcia
Ludovico Garmus
Teobaldo Heidemann

Secretário executivo
Leonardo A.R.T. dos Santos

Editoração: Gleisse Dias dos Reis Chies
Projeto gráfico: Éditions Jouvence
Arte-finalização: Sheilandre Desenv. Gráfico
Capa/ilustrações: Jean Augagneur
Arte-finalização: Editora Vozes

Direitos de publicação em língua portuguesa —
Brasil: 2015, Editora Vozes Ltda.
Rua Frei Luís, 100
25689-900 Petrópolis, RJ
www.vozes.com.br
Brasil

Todos os direitos reservados. Nenhuma parte desta obra poderá ser reproduzida ou transmitida por qualquer forma e/ou quaisquer meios (eletrônico ou mecânico, incluindo fotocópia e gravação) ou arquivada em qualquer sistema ou banco de dados sem permissão escrita da editora.

PRODUÇÃO EDITORIAL

Aline L.R. de Barros
Marcelo Telles
Mirela de Oliveira
Otaviano M. Cunha
Rafael de Oliveira
Samuel Rezende
Vanessa Luz
Verônica M. Guedes

Conselho de projetos editoriais
Luísa Ramos M. Lorenzi
Natália França
Priscilla A.F. Alves

ISBN 978-85-326-5094-8 (Brasil)
ISBN 978-2-88911-469-6 (Suíça)

Este livro foi composto e impresso pela Editora Vozes Ltda.

Dados Internacionais de Catalogação na Publicação (CIP)
(Câmara Brasileira do Livro, SP, Brasil)

Van Stappen, Anne
　　Caderno de exercícios para evoluir graças às pessoas difíceis / Anne Van Stappen ; ilustrações de Jean Augagneur ; tradução de Stephania Matousek. — Petrópolis, RJ : Vozes, 2015. — (Coleção Cadernos: Praticando o Bem-estar)
　　Título original : Petit cahier d'exercices pour évoluer grâce aux personnes difficiles.
　　Bibliografia.

　　7ª reimpressão, 2024.

　　ISBN 978-85-326-5094-8

　　1. Assertividade (Psicologia)　2. Autorrealização
3. Desenvolvimento pessoal　4. Evolução　5. Relações humanas
I. Augagneur, Jean.　II. Título.　III. Série.

15-06135　　　　　　　　　　　　　　　　　　　　　　CDD-158.1

Índices para catálogo sistemático:
1. Autorrealização : Desenvolvimento pessoal:
Psicologia　　　158.1

Você deseja transformar as suas dificuldades de relacionamento em pérolas de sabedoria?

Conviver com pessoas que você considera como difíceis e, ao mesmo tempo, manter o coração aberto quando elas são amigos ou parentes seus representa um verdadeiro desafio que pode esgotá-lo, destruí-lo ou... fazê-lo crescer. Para quem lida com isso no dia a dia, chegou a hora de abandonar duas tendências bastante comuns do ser humano: fazer papel de vítima, lamentando-se e defendendo-se, ou de carrasco, buscando vingança!

Entre na pele de um sábio que se esforça incansavelmente para descobrir o tesouro escondido por trás das suas dificuldades.

Aprender a tirar proveito das situações complicadas pelas quais você passa, para crescer em termos de consciência e humanidade, permite que você se torne mais belo graças aos seus sofrimentos, em vez de padecer com eles. É o caminho que este caderno de exercícios propõe: ele aborda a questão com um prisma diferente daquele que normalmente é apresentado nos livros desta área e que consiste em transmitir **chaves** para **lidar** com as pessoas difíceis. Aqui, veremos como lidar **consigo mesmo** diante destas últimas, como **se** desenvolver, tomando consciência da sua experiência, levando-a em conta e fortalecendo a sua adesão aos valores mais nobres que você tem.

Assim, você transformará seus problemas em oportunidades de crescimento, **descobrirá os presentes que as situações complicadas pelas quais você passa oferecem,** no intuito de

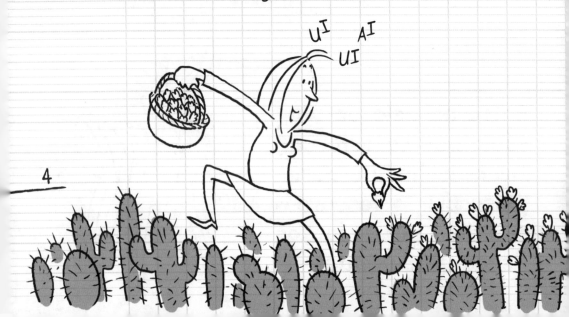

aproveitá-los, e confirmará que A pessoa que pode cuidar de você através das vicissitudes da vida é você mesmo!

Pouco a pouco, sejam quais forem as circunstâncias, você ficará repleto de uma força alegre, serena e benéfica.

E, afinal, qual seria o sentido da nossa passagem pela Terra a não ser nos permitir crescer em termos de sabedoria e humanidade, tanto para nós mesmos quanto para os outros?

Porém, não se engane: fazer brotar fontes de amor a partir dos seus piores pesadelos é um exercício árduo, cujo **poder de cura está à altura do rigor que ele exige!**

O que estas páginas sugerem que você coloque em prática requer um verdadeiro encontro, um "casamento" consigo mesmo. Isto implica que você aprenda a se (fazer) respeitar, sem deixar de considerar a outra pessoa como um ser humano, sejam quais forem os atos da mesma.

Quando criança, você dispunha principalmente de estratégias para fugir do sofrimento: escapar da realidade através de brincadeiras, mutismo ou cara emburrada, refugiar-se em um colo acolhedor, revoltar-se com indomáveis ataques de raiva, gritar para se libertar das suas tensões, dar uma de bonzinho para amolecer o coração dos seus tiranos...

Agora, você vai lidar com as suas dores de outra forma, e não através de fugas ou revoltas, no intuito de sair dessa história tendo crescido como pessoa.

Além disso, conscientizar-se de que relacionamentos manipuladores ou perversos podem fazer você evoluir depende primeiro de reconhecer o fato de que há **dois personagens envolvidos no relacionamento**, dois perfis, dois lados: quem age e quem se deixa levar, o **manipulador** e o **manipulado**.

Enxergar as coisas desse jeito lhe permitirá evitar a postura de **vítima**, tornando-se **ator responsável** da sua vida. E, quando não há mais vítima, não pode mais haver carrasco, pois são necessárias duas pessoas para tricotar um drama! Você conseguirá, então, revelar outras dimensões de si mesmo e transcender os seus limites e aspectos sombrios, através da sutil alquimia da consciência misturada com o amor por si mesmo e pela outra pessoa. Esta atitude representará o mais belo convite para que o outro, se quiser, um dia siga o mesmo caminho de lucidez em face das sombras dele...

Tenhamos ou não consciência disso, nós, seres humanos, estamos todos imbuídos de um desejo de evoluir, concretizar o nosso pleno potencial e despertar. Desse ponto de vista, qualquer situação complicada pode ser considerada como uma oportunidade para nos ajudar a realizar tudo isso. No entanto, com frequência, deixamo-nos afogar em meio à dor, a ponto de ficarmos tentados a desistir de seguir em frente. Porém, se nos abrirmos à ideia de que é a energia evolutiva dentro de nós que atrai as nossas dificuldades, no intuito de crescer ao entrar em contato com elas, e se as aceitarmos como maneiras de nos transformar, em vez de injustiças, poderemos cultivar preciosos talentos. Estes últimos constituem, ao mesmo tempo, o caminho e o resultado deste caderno: de fato, toda vez que você cultivar um dos talentos que virão a seguir, você despertará para a sabedoria e ampliará a sua beleza natural. Uma vez integrados, **estes talentos constituirão o fundamento do seu despertar espiritual e, ao mesmo tempo, ajudarão você a atravessar as adversidades da vida.**

Pinte as letras dos talentos que você gostaria de cultivar dentro de si.

O objetivo deste caderno é ajudar você a transformar os seus dolorosos infortúnios terrestres em fascinantes aventuras espirituais.

Antes de continuar, faço questão de definir alguns princípios básicos da Comunicação Não Violenta® (CNV), cuja filosofia constitui um dos fios condutores deste texto. Em CNV:

1. Escolhemos considerar cada um, faça ele o que fizer, como um ser humano, tendo a convicção de que **toda pessoa dá o melhor de si,** tendo em vista a sua história e o seu nível de consciência do instante.
2. Não julgamos ninguém, mas tentamos **compreender o nosso interlocutor,** sem, no entanto, mostrarmo-nos submissos.
3. Em vez de avaliarmos atos ou palavras como bons ou ruins, **consideramo-los como a expressão, com ou sem jeito, de sentimentos e necessidades** comuns a todos os seres humanos.

Por exemplo, se alguém me diz: **"Você é egoísta"**, em vez de julgar a pessoa para revidar, posso me perguntar: **Será que ela está decepcionada? Será que ela precisa saber que tem valor para mim?** Quando você tenta compreender, em vez de julgar, você produz duas consequências positivas para si mesmo:

→ Você se torna mais humano, o que lhe faz mais bem do que julgar, tanto física quanto emocionalmente.

→ Você aumenta suas chances de ser, por sua vez, ouvido com relação ao que você está vivenciando.

Falar de **personalidades difíceis**, as quais o DSM ("Manual Diagnóstico e Estatístico de Transtornos Mentais") etiqueta de **perversos narcisistas, manipuladores** etc., poderia parecer contraditório com os princípios fundamentais citados acima, mas não é nada disso. Trata-se, ao contrário, de desenvolver a nossa capacidade de considerar o ser humano para além dos seus atos, por mais inaceitáveis que eles sejam para nós, inclusive aqueles que categorizamos como patológicos. Portanto, os aspectos diagnósticos visarão somente afiar o nosso bom-senso e vigilância. De fato, **existem encontros e relacionamentos em que o lado benevolente** – e às vezes até ingenuamente **bondoso** – de certas pessoas as leva a ter tanta confiança e abertura espontânea que elas acabam deixando-se explorar sem se dar conta disso, a ponto de ficarem confusas e desestabilizadas de forma perigosa para o equilíbrio emocional e/ou saúde delas. Em tais situações, cuja toxicidade, muitas vezes, elas só percebem quando o sofrimento já atingiu um nível insuportável, é recomendável que elas tenham à disposição dois tipos de balizas:

1. **Balizas de lucidez e autenticidade para consigo mesmas,** permitindo, a qualquer momento, que elas façam um balanço sobre a experiência delas, direcionem-se, preservem-se, tornem-se mais firmes e se afirmem.

2. **Balizas de comunicação,** sob a forma de palavras claras, eficientes e bondosas para todos os interlocutores, no intuito de criar, na medida do possível, relacionamentos sadios, agradáveis e respeitosos perante cada um*.

---

* Meus três cadernos de exercícios (Petit cahier d'exercices de CNV, Caderno de exercícios para cuidar de si mesmo e Caderno de exercícios para se afirmar e — enfim — ousar dizer não) são especialmente dedicados a estas balizas de comunicação. Por isso, nós as abordaremos aqui de forma bastante breve.

A exemplo de Marshall Rosenberg e Carl Rogers, não vamos prender ninguém em gavetas de diagnósticos, pois isso congela as situações e obstrui as chances de vê-las melhorarem.

Ainda mais que:
- Uma pessoa difícil é alguém que nos coloca diante de situações com as quais não conseguimos lidar de coração aberto, pois tais situações excedem o nosso nível de competência: a dificuldade está em nós, não envolvendo o outro" (Inbal e Miki Kashtan).
- Uma pessoa de complexa convivência para um pode ser de fácil companhia para outro.
- Todo ser humano pode adotar, em determinado momento, atitudes narcisistas, de assédio ou manipuladoras!

Em cada um de nós reside um enorme poder de transformação, contanto que o desenvolvamos através de um *cuidadoso treinamento*!

Então, vamos em frente! Se você está segurando este caderno, podemos supor que você tem pelo menos um relacionamento que lhe esteja causando problema... E, que fique bem claro, não estou falando de probleminhas corriqueiros que surgem em todo relacionamento humano, mas sim de problemas tão sérios e tão recorrentes que eles prejudicam a sua alegria de viver, sua saúde, seu equilíbrio emocional, sua clareza interior e a intimidade das suas relações com seus entes queridos.

Se, por acaso, você estiver lendo este caderno porque os outros o acusam de ser mau, manipulador ou perverso, tenha orgulho e fique feliz de se questionar sobre si mesmo e até repensar seus atos! É interessante analisar se você se reconhece nas descrições dos comportamentos de pessoas difíceis, tendo em mente, ao mesmo tempo, que, como diz Khalil Gibran: **"A maldade não é nada mais do que a bondade torturada por sua própria fome!"**

Para alguns, a solução será deixar vir à tona sua bondade natural, o que começa através da humilde consciência dos seus limites, mas sem se julgar... *O não julgamento é uma chave de evolução essencial*, pois a raiz do problema das pessoas com narcisismo defeituoso decorre de sua falta de verdadeiro Amor de Si. Este não amor as deixa tão tensas e desamparadas no âmbito emocional e tão indefesas diante da menor contradição que ou elas se sentem desconfortáveis, a ponto de se verem obrigadas a rejeitar ou projetar suas sombras e/ou tensões nas pessoas ao seu redor, ou elas fecham os olhos e sobem em um pedestal, no intuito de preservar uma pseudoautoestima. É também uma das razões pelas quais ter uma convivência íntima continuamente lhes é insuportável: quando o indivíduo não é amigo de si mesmo, ele sente uma grande necessidade de espaços de solidão para se acalmar e tem dificuldade em ficar próximo de alguém de forma duradoura, pois a proximidade o coloca em face de si mesmo.

Porém, seja qual for a sua posição atual, esteja você sendo acusado de certos erros ou enfrentando uma provação por causa de alguém chegado a você, treine cultivar os talentos sugeridos aqui, lembrando que:

Pinte

CADA UM SEMPRE DÁ O MELHOR DE SI, TENDO EM VISTA SUA INFÂNCIA, HISTÓRIA, EDUCAÇÃO, CULTURA...

E, não importa de que lado você esteja, se decidir aderir às ideias abaixo, copie as frases, decore-as de uma forma que o inspire e depois coloque-as em um lugar onde você possa consultá-las frequentemente, para que elas o auxiliem nos momentos difíceis.

Eu decidi que, de agora em diante, vou me concentrar nos meus sentimentos e necessidades, em vez de ficar criticando os outros ou lhes atribuindo a responsabilidade pelos meus problemas.

As situações complicadas que eu costumo enfrentar são atraídas pelas minhas memórias ancestrais e pela energia de vida que me impregna, e eu posso enxergá-las como uma contribuição para a minha evolução.

Eu decidi que, a partir de agora, meu sofrimento e o crescimento que pode resultar dele dependerão mais do meu olhar sobre os acontecimentos, das minhas ações e reações do que dos acontecimentos propriamente ditos.

Quando eu me focalizo nos erros dos outros, atrapalho a minha felicidade.

Talento n. I: lucidez e honestidade para consigo mesm

Toda mudança se apoia na nossa lucidez e honestidade com relação a uma situação.

Conscientize-se da sua força de vontade, respondendo às seguintes perguntas:

1) Será que estou definitivamente disposto a evoluir em termos de sabedoria ou será que é uma simples hipótese e um vago desejo?
....
2) Por que estou disposto a fazer isso?
....
3) O que é o mais importante? O que tem mais valor para mim nesta leitura?
....

Agora, por mais doloroso que isso seja para você, esclareça a situação propriamente dita:

1) Quem é a pessoa com a qual estou experimentando uma dificuldade de relacionamento?
....
2) O que é que, nesse relacionamento, está me causando problema?
....

Veja a seguir uma lista que lhe permitirá fazer um balanço honestamente. Ela enumera uma série de sofrimentos ou frustrações que você possa estar vivenciando e reúne as **características do que costumamos sentir** em um relacionamento com pessoas que apresentem atitudes manipuladoras, de assédio ou perversas e narcisistas.

Sublinhe os aspectos que tenham a ver com você e complete, se necessário.
Se você sentir, regularmente, mais de dez deles, sua situação é difícil de aguentar e requer uma evolução pessoal...

Duas observações essenciais:
⇗ Se alguém o estiver acusando de ser manipulador ou algo do tipo, leia esta lista, refletindo se você provoca ou não tais reações nas pessoas ao seu redor.
⇗ Não importa de que lado você esteja, se realmente quiser evoluir em termos de sabedoria, você também pode percorrer esta lista refletindo se não lhe acontece de fazer com os outros o que ela menciona.

Lista A:

PERDER A CLAREZA DO SEU PENSAMENTO

☐ Perder a clareza do seu pensamento, névoa mental, confusão, impressão de estar ficando burro ou maluco.

☐ Sentir-se desestabilizado, atordoado, ficar feito cego em tiroteio e não saber como reagir, ser pego de surpresa.

☐ Estar com medo, ficar estressado, ter medo de agir errado, sentir-se sobrecarregado e esgotado.

☐ Vivenciar altos e baixos em seus relacionamentos, alternando intimidade e distância.

☐ Ter a impressão de ser dominado, controlado, de não ter espaço para se posicionar.

IMPRESSÃO DE SER DOMINADO

☐ Ter a impressão de que a pessoa pede a sua opinião, mas depois não a leva em consideração ou a contradiz.

☐ Não ser consultado ou não poder dar a sua opinião quando decisões devem ser tomadas.

☐ Não conseguir dizer não, viver por conta própria, fazer ouvir o seu ponto de vista.

NÃO CONSEGUIR DIALOGAR DE FORMA PRODUTIVA

☐ Não conseguir dialogar de forma produtiva e/ou equilibrada durante uma dificuldade, não conseguir resolver um problema no relacionamento.

☐ Ficar obcecado pelo relacionamento e não poder ou ousar ir embora: você decide ficar, mesmo que isso o prejudique!

SENTIR-SE SOZINHO E ISOLADO

☐ Reagir de tal modo que você não se reconheça mais, tornando-se pouco a pouco raivoso, agressivo, irritado... e assim desenvolvendo as mesmas atitudes de que você não gosta no outro!

☐ Justificar-se, defender-se, como se você fosse réu em um tribunal.

☐ Sentir-se sozinho ou isolado, enquanto você precisa justamente desabafar e tirar um peso das costas.

SENTIR-SE ALVO DE CRÍTICA

☐ Ser acusado do que o outro faz com você.

☐ Ser acusado de algo que você não fez ou não disse.

☐ Perder a sua confiança em si e autoestima; vergonha, culpa, desvalorização.

☐ Ser alvo de críticas, zombarias, ironia, desprezo...

☐ Não receber (ou receber poucas) avaliações positivas.

SENTIR DESCONFIANÇA

☐ Sentir-se mal, colocar-se na defensiva, ter desconfiança no relacionamento.

☐ Ter a impressão de que lhe falta clareza ou sinceridade, deparar-se com incertezas.

SENTIR ESTRESSE

SENTIR-SE DESESTABILIZADO

☐ Ter a impressão de não ter valor para o outro; de que o seu sofrimento também não lhe importa; de ser considerado como um objeto ou um móvel.

☐ Não ter um jardim secreto, nenhuma intimidade própria.

☐ Sofrer sintomas físicos cuja causa objetiva o seu médico não consegue encontrar: palpitações, cefaleias, tensões abdominais, insônias, hipertensão, bulimia ou perda de apetite, dor nas costas, nos ombros etc. *"O perverso narcisista exterioriza o caos dele e deixa os outros doentes"* (BOUCHOUX, J.-C. *Les pervers narcissiques*).

☐ Outros...

Acolha suas reações diante destas frustrações **com bondade** e aceite o que você estiver sentindo com relação à sua realidade.

Meus sentimentos e sensações:

....
....
....

Em seguida, procure descobrir que necessidades insatisfeitas deram origem aos seus sentimentos desagradáveis e prometa para si mesmo que você vai cuidar delas pouco a pouco, ao longo da leitura das próximas páginas.

Minhas necessidades:

....
....
....

Arrume um diário para escrever suas conscientizações.

Consulte as listas de sentimentos e necessidades apresentadas no final deste caderno.

Se você tiver marcado na lista A: "**Sentir-se desestabilizado, atordoado, ficar feito cego em tiroteio e não saber como reagir, ser pego de surpresa**", será que você talvez não precise de previsibilidade, confiança e estabilidade?

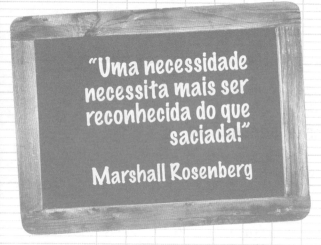

Se você tiver anotado **tristeza** na sua lista de sentimentos e sensações na página anterior, será que você talvez não precise viver mais alegria no relacionamento em questão ou então fazer o luto de certas esperanças?

Este questionamento interior (o fato de se perguntar o que você está sentindo e por que) se chama autoempatia (cf. tb. o talento n. 5). Ele pode levar várias horas ou dias antes de ser concluído, dando resultado se - e somente se - você se sentir mais límpido e calmo depois de realizá-lo.

De fato:

A partir do momento em que você acolhe plenamente suas aspirações e seus sonhos, uma clareza interior e um alívio se produzem!

3) Quais são, de acordo com os meus critérios, as características de um relacionamento fácil e agradável?
....
....

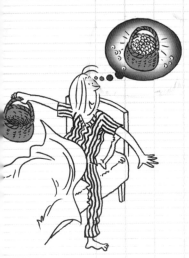

O que você escrever acima deve ser expresso sob a forma de necessidades ou desejos; o fato de nos conscientizarmos deles semeia pérolas em nossas vidas, pois são as nossas necessidades sentidas "plenamente" e/ou a esperança de saciá-las que dão sentido aos nossos dias e nos levam a ter vontade de nos levantarmos da cama toda manhã!

Marque as necessidades que tenham a ver com você

Lista B:

Eu gosto de vivenciar e trocar
- ☐ Apreço, valorização, respeito e consideração
- ☐ Autenticidade, confiança, solidez e clareza
- ☐ Bem-estar, paz e calma
- ☐ Bondade e generosidade
- ☐ Coerência entre palavras e atos
- ☐ Compreensão

- ☐ Consenso, atenção a cada pessoa e respeito pelos pontos de vista de cada um
- ☐ Confiança em mim mesmo e no outro
- ☐ Diálogos fecundos, produzindo resultados positivos para cada um
- ☐ Igualdade e equilíbrio
- ☐ Escuta, atenção, troca de ideias, partilha e enriquecimento mútuo
- ☐ Incentivo e apoio
- ☐ Prazer, diversão, riso, humor, descontração, alegria, realização pessoal
- ☐ Reciprocidade
- ☐ Gratidão
- ☐ Segurança
- ☐ Outros...

Tire um tempinho para saborear a forma como você estiver se sentindo quando as necessidades que você marcou forem satisfeitas, tendo em mente que:

Quanto mais eu me concentro em alguma coisa, mais eu aumento as chances de vê-la se realizar!

4) Ao permanecer nessa situação, que necessidades ou aspirações estou satisfazendo ou espero satisfazer um dia? Será que são:

☐ **Necessidades**

⤤ Amar e ser amado

⤤ Ter companhia, cultivar laços afetivos, fazer parte de um grupo, preservar a vida em família

⤤ Conforto, riqueza

⤤ Segurança material, financeira e afetiva

⤤ Estabilidade, continuidade, respeito de um compromisso assumido

☐ **Esperanças**

⤤ Melhora, transformação, evolução e calma

☐ **Outros...**

Consulte regularmente as listas A e B para fazer um balanço: se você se transformar conforme a direção indicada por este caderno, o ideal é que a lista A diminua e a lista B aumente.

Talento n. 2: ligação consigo mesmo, capacidade de cuidar de si

Uma ligação consigo mesmo produz firmeza interior, desenvolve estabilidade emocional e permite aguentar o tranco quando certos desafios exigem muito de você. Ela é VITAL, INDISPENSÁVEL e FUNDAMENTAL se você estiver sendo alvo de comportamentos manipuladores ou perversos. E isso, por duas razões: estes últimos são mestres em desorientar ou surpreender, e as pessoas que são alvo deles apresentam um perfil com forte tendência ao esquecimento de si mesmas!

Portanto, eu gostaria de enfatizar a necessidade absoluta de você se sentir você mesmo e se direcionar! Isso se aprende e se pratica!

> "É essencial desenvolver uma escuta aguçada das suas sensações corporais, tensões, crispações, mudanças de temperatura corporal, nós na garganta e de todos aqueles pequenos e grandes sinais que tentam avisar você de que o que está acontecendo não lhe convém! Se você não escutar o seu corpo, correrá o risco de enganar a si mesmo e se tornar cúmplice inconsciente das palavras e atos destrutivos do outro."
>
> Christiane Goffard

Vamos abordar agora uma meditação poderosa, pois ela representa:

1. uma forma de aliança consigo mesmo, pelo fato de você prestar atenção em alguns dos seus órgãos;

2. uma ferramenta para cuidar de si, o que é indispensável para se governar de modo saudável em face de grandes desafios.

Essa meditação (século IV a.C.) lança mão do poder vibratório dos sons para ajudar nossos órgãos vitais a eliminarem as emoções negativas que se acumulam neles. Ela contribui de modo notável para acabar com as nossas toxinas e harmonizar nosso estado emocional, fator indispensável para evitar adoecer. Ela se chama "**Os seis sons de cura**" e foi revisitada por Mantak Chia, um mestre taoista.

Na prática, deve-se efetuar certos sons de três a cinco vezes durante a expiração, na ordem sugerida a seguir. Além disso, ao sorrir para os órgãos envolvidos (isso faz bem a eles!), deve-se visualizar uma **cor durante a inspiração**, pois, para os taoistas, a cada órgão estão associadas uma virtude e uma cor: o branco nos pulmões, associado à coragem; o azul escuro nos rins, associado à bondade; o verde no fígado, associado à gentileza; o vermelho no coração, associado à alegria e ao amor; e o amarelo no baço, associado à honestidade.

Veja como e em que ordem proceder

1. Som dos pulmões:

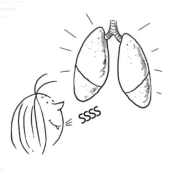

Emitir o som de três a cinco vezes, levantando os braços no ar, sorrindo para os seus pulmões e visualizando neles a cor branca desde a inspiração.

Indicações: tristeza, desânimo
Estímulo: coragem, lealdade

2. Som dos rins:

WÔÔÔ

Emitir o som de três a cinco vezes, encolhendo a barriga, inclinando o corpo para frente, sorrindo para os seus rins e visualizando neles um azul-escuro desde a inspiração.

Indicações: medo, estresse, cansaço, esgotamento
Estímulo: calma

3. Som do fígado: SHHH

Emitir o som de três a cinco vezes, com os braços acima da cabeça, as palmas viradas para o alto e os dedos entrelaçados, sorrindo para o seu fígado e visualizando nele a cor verde desde a inspiração.
Indicações: raiva, agressividade
Estímulo: perdão, gentileza

4. Som do coração: HHAAAA
(suspiro de bem-estar!)

Emitir o som de três a cinco vezes, com os braços acima da cabeça, as palmas viradas para o alto e os dedos entrelaçados, sorrindo para o seu coração e visualizando nele a cor vermelha desde a inspiração.
Indicações: agitação, impaciência, intolerância, ódio
Estímulo: amor, alegria

5. Som do baço: UUUU
(som proveniente do fundo da garganta)

Emitir o som de três a cinco vezes, com as mãos sobre o esterno e o dedo indicador virado para baixo, sorrindo para o seu baço e visualizando nele a cor amarela desde a inspiração.
Indicações: agitação, dispersão, ansiedade, ódio
Estímulo: concentração, paz mental

6. Som do reaquecedor triplo: HHIII
(sorria!)

1) Inspirar, com as mãos acima da cabeça
2) Expirar de três a cinco vezes emitindo o som HHIIII e dirigindo as mãos para os pés.

Indicações: agitação, insônia, harmonização do corpo

Obs.: o reaquecedor triplo é uma função que trata da assimilação/eliminação, tanto no plano físico quanto nos planos emocional e mental. É por isso que é vital fazer o som HHIII quando você se sentir pesado em um desses planos! O som do reaquecedor triplo harmoniza a energia entre a barriga, o tórax e a cabeça.

↗ Memorize as ações específicas ligadas a cada um dos sons para efetuá-las mais facilmente.

↗ Bocejos, arrotos e flatulências indicam um efeito de eliminação das toxinas no seu organismo!

↗ Os sons devem ser emitidos de maneira subvocal, ou seja, eles só devem ser ouvidos interiormente: isso aumenta o poder deles.

↗ É bom praticar esses sons ou um deles a qualquer momento, se você estiver passando por uma emergência emocional e/ou sentir a necessidade de se redirecionar.

↗ Exemplo: vamos imaginar que seja verão e que você esteja no meio da natureza junto com um parente ou amigo... a atmosfera fica tensa, e você também! Então, discretamente, sussurre SSS colocando o branco de uma nuvem nos seus pulmões, depois diga WÔÔÔ trazendo o azul do céu para os seus rins, depois SHHH acariciando o seu fígado com o tenro verde das folhas etc. Assim, o passeio poderá continuar com serenidade!

↗ Normalmente, esse método deve ser praticado antes de dormir, no intuito de transformar em energia vital as emoções negativas acumuladas durante o dia.

Nunca é demais ressaltar a necessidade de saber estar presente a si mesmo regularmente, para que essa presença seja eficiente e rapidamente acessível. Seja através da meditação, da autoempatia, da plena atenção..., isso implica um envolvimento seu total, assim como em qualquer disciplina, seja ela artística, esportiva ou de outro tipo...

É óbvio que ninguém aprende a nadar bem no meio de uma tempestade.

Você sabe qual é a estátua mais vendida no Ocidente? A estátua do Buda meditando! Isso mostra que reconhecemos a importância de nos concedermos momentos de interiorização! Infelizmente, com frequência, contentamo-nos em comprar estátuas e continuamos vivendo de forma totalmente ausente a nós mesmos.

Será que você faz parte dessa categoria e vai continuar assim?

Se a resposta for sim, pode parar a sua leitura por aqui: ela será inútil!

Se for não, também dê uma pausa na sua leitura para praticar os sons três vezes, deixando um tempo de repouso entre cada som:

SSSS, WÔÔÔ, SHHH, HHAAA, UUUU, HHIII...

Para se lembrar de se concentrar em si mesmo, use uma pulseira ou um objeto de lembrete, faça o seu celular tocar em intervalos regulares ou pregue bilhetinhos em lugares estratégicos.

Talento n. 3: responsabilidade

Esse talento exige um grande esforço de aceitação!

> "Para dominar essa nova abordagem da vida e do relacionamento, dê tempo ao tempo: para você assimilar, ler e reler, entrar no processo com calma e talvez até se revoltar com o que está escrito, em especial com a afirmação de que nós atraímos certos relacionamentos para crescermos."

A noção de responsabilidade pode ser vista a partir de dois ângulos:

1. Um ângulo espiritual: há uma forma de encarar os acontecimentos da vida que eu considero ao mesmo tempo exigente, sábia e libertadora. Ela consiste em **assumir 100% da responsabilidade** pela sua história e é preconizada por muitos mestres e várias tradições, filosofias ou escolas de vida, dentre as quais a tradição havaiana Ho'Oponopono, a lei da atração, **A iluminação evolucionária, o trabalho** (Byron Katie), a filosofia da CNV etc.

Veja em que consiste essa sabedoria: enquanto ser humano, eu sou o resultado de um **Impulso Evolucionário** que se manifesta em tudo o que eu vivencio; eu sou quem eu sou, atraio o que atraio e escolho o que escolho porque, desde o **big-bang**, que deu origem a toda forma de vida (e, portanto, a cada uma das minhas células), eu sou o resultado, o produto de inúmeros impulsos, além de vidas, criações, memórias e experiências ancestrais, todas elas iniciadas e vividas pelos seres vivos que me precederam, dentre os quais, há cerca de 200 mil anos, gerações e gerações de humanos, que compuseram a minha linhagem, meu povo, minha raça... Sem contar que eu sou moldado e formatado pela minha cultura, história, lembranças, crenças, emoções e pensamentos (inspiração: Ho'Oponopono, Byron Katie, Andrew Cohen, Greg Braden etc.).

Se eu enxergar os acontecimentos do ponto de vista da energia de vida que me impregna (se você preferir um outro termo, empregue o que soar melhor para você), posso assumir conscientemente 100% da responsabilidade pela minha história. Em um vasto plano cósmico, **eu** (entenda a **energia de vida em mim**, e não a minha pessoa!) sou responsável (não culpado!) pela minha forma de reagir em face do que acontece comigo e também pelo que acontece comigo! É essa energia que, ao se manifestar através dos inúmeros elementos que me construíram, atraiu o que estou vivenciando, embora **eu** (entenda **minha personalidade**) não estivesse consciente disso e não o tenha deliberadamente escolhido, nem desejado. Isso se produziu para atender ao desejo de crescer que me impregna e que impregna todas as formas de vida.

Assim, podemos enxergar todo ser humano como um vetor da **vida**, que busca evoluir através dele. Os desafios que ela coloca no caminho são, para qualquer um, uma oportunidade única de assumir plenamente a responsabilidade pela sua história e evolução. Essa forma de considerar a vida representará, para certas pessoas, uma guinada total com relação à maneira como elas costumam enxergar os acontecimentos. Abandonar seu universo de crenças e suas verdades preestabelecidas constitui um verdadeiro salto quântico, que, no entanto, é libertador, pois permite que nos desvencilhemos de uma vez por todas da postura de vítima, o que nos dá acesso ao nosso completo poder pessoal.

> "[...] Sua tarefa descomunal consiste em fazer o nobre esforço espiritual de atribuir a si mesmo a responsabilidade de quem você é. [...] Isso significa fazer o esforço de assumir todo o seu passado e todas as consequências cármicas dele. [...] É também tratar de abraçar corajosamente toda a complexidade de uma acumulação histórica que acarretou a situação que você está atravessando. É só assim que você adotará uma posição espiritual poderosa o bastante para criar o seu futuro conscientemente [...]."
>
> COHEN, A. iluminação evolucionária. Pergaminho, 2013

Exercício

**a) A partir dessa forma de considerar a nossa respon-
sabilidade, o que você acha que faz parte da sua própria responsabilidade no quadro a seguir?**

Envolva sim ou não.

Eu escolhi livremente estar em companhia da pessoa em questão.	**sim**	**não**
Cabe a mim transformar ou até sair de uma situação se ela estiver me prejudicando, mesmo que isso vá de encontro aos meus valores, que eu tenha medo de sofrer ou fazer alguém sofrer, de perder o relacionamento, a estabilidade etc.	**sim**	**não**
É minha responsabilidade decidir me aproximar de pessoas com quem eu me sinta bem.	**sim**	**não**
Posso adquirir a audácia de me posicionar, mesmo que eu tema as consequências.	**sim**	**não**
Em qualquer situação, devo assumir 100% da responsabilidade pelo que eu esteja vivendo e pela maneira como eu decidir vivê-lo.	**sim**	**não**
É a energia de vida dentro de mim que é responsável pelo meu estado de saúde físico e emocional.	**sim**	**não**

**b) Coisas que você deve perguntar a si mesmo toda
semana, no intuito de fazer um balanço honestamente**

1) Como é que eu estou me sentindo nessa situação?

....

....

2) Quais necessidades minhas estão satisfeitas e quais estão insatisfeitas? Nesta parte, consulte as respostas que você tiver dado no exercício n. 4 do talento n. 1.

....
....
....

NECESSIDADES SATISFEITAS	NECESSIDADES INSATISFEITAS

Se a coluna das necessidades insatisfeitas for mais longa, tenha compaixão por si mesmo, pratique os sons de cura e busque apoio, dizendo que você precisa de um ombro amigo para desabafar e que você não deseja receber nem conselhos, nem soluções, a menos que você peça algum!

Saboreie suas necessidades satisfeitas! Quem sabe você já não satisfez a sua necessidade de progredir no ato de dominar seus talentos?

Momentos de introspecção

1. O que eu posso fazer, pedir ou me perguntar para melhorar a situação?
2. Será que estou fazendo papel de vítima, carrasco ou salvador?
3. Será que tenho a expectativa ou esperança de obter um resultado positivo proveniente de fora?
4. Tendo em vista minhas respostas, será que essa situação é justa para mim?

2. Um ângulo inspirado na língua inglesa:

em inglês, response-ability significa capacidade de resposta; cabe apenas a você se tornar capaz de uma resposta esclarecida pela consciência da sua experiência e das suas necessidades – cabe a você instaurar estratégias para cuidar de si mesmo.

a) Marque os pontos fortes que você vai utilizar, no intuito de facilitar o seu caminho em direção a si mesmo

☐ Pessoas de apoio: amigos, parentes, *coach* ou terapeuta.

☐ Momentos de solidão e escrita, para se concentrar e fazer um balanço da situação.

☐ Esporte, arte, música, passeios e leituras, para estudar, sentir-se mais leve e se distrair.

b) Comprometa-se a

☐ Pedir ajuda a pessoas de apoio específicas e em datas fixas! (Pergunte se elas concordam em ajudar você, com a maior confidencialidade.)

☐ Fazer um balanço regularmente quanto aos seus progressos, sua energia de vida...

☐ Praticar atividades que lhe agradem e o revigorem.

Meu compromisso

Eu, abaixo assinado, ... decidi pedir ajuda a .... todos os ....

Eu me comprometo a fazer um balanço da minha situação em ...., todos os ....
....

Eu me concentrarei e revigorarei através de ....
...................., todos os ....

(Cite as pessoas, as formas e a periodicidade.)

Talento n. 4: autoestima, autoconfiança

VOCÊ CONFIA EM SI MESMO? ENTÃO, SIGA SEUS PRÓPRIOS PASSOS!

Um dos aspectos mais tóxicos dos relacionamentos com pessoas que tenham um narcisismo defeituoso é que esses relacionamentos pouco a pouco destroem a nossa autoestima e autoconfiança. Portanto, é imprescindível desenvolver estratégias para preservar a sua autoestima!

Uma verdadeira autoestima é a base de uma vida feliz e criadora de beleza. Deveríamos ter o bom-senso de cultivá-la antes mesmo de viver um relacionamento difícil!

Veja algumas sugestões nesse sentido

a) **Identificação e incentivo das suas competências de relacionamento:**

1) Pense em um momento relacional bem-sucedido e liste aqui tudo o que você tiver botado em prática para consegui-lo.
-
-
-
-
-
-

2) A partir dessa lista, detecte suas competências, escrevendo cada uma delas em um papel diferente, que você recortará depois.

3) Pegue uma grande folha e lápis com suas cores prediletas; desenhe uma árvore do jeito que você gosta; cole os papéis das suas competências nos galhos dela.

Se quiser, compre diversos bloquinhos de recados para escrever suas qualidades. Enfeite a sua árvore de competências toda vez que você descobrir novos talentos seus, sejam eles relacionais ou de outro tipo. No intuito de dinamizar a sua autoconfiança, coloque a árvore em um lugar pelo qual você costuma passar frequentemente e, se conhecer alguém em cuja capacidade de escuta você confie, peça para ele ou ela ler as suas qualidades para você.

Exemplo:

Embora eu estivesse com medo, telefonei para uma amiga com quem eu estava em conflito para pedir uma explicação a respeito da nossa briga. Durante a nossa conversa, escutei o que ela tinha para me dizer e me expressei com toda a sinceridade. Ao escutar a versão dela, dei boas gargalhadas (ri do meu comportamento e da situação, que, no fim das contas, era ridícula!). Após esse esclarecimento, fizemos as pazes e ficamos ainda mais amigas uma da outra!
Minhas competências: coragem de me expressar, audácia, confiança, capacidade de resolver uma dificuldade, cuidado atencioso com o relacionamento, saber escutar o outro, humor, humildade, desdramatização, agir em função dos meus objetivos, respeito próprio...

b) Lista de afirmações: em um papel, que você carregará sempre consigo, no intuito de poder lê-lo quando surgir a menor dificuldade, anote frases ao mesmo tempo autênticas e animadoras.

Exemplos:
Tenho o direito de ser respeitado, eu tenho valor e mereço cuidar de mim mesmo, eu me amo do jeito que eu sou...

c) Compilação de opiniões recebidas:
Treine da seguinte forma, assim como praticamos em CNV:
O que disseram de mim: ....
Meus sentimentos quando eu penso nisso: ....
Minhas necessidades satisfeitas: ....

d) Autoincentivos: anote seus progressos, leia-os com frequência em voz alta e parabenize a si mesmo! Quando convivemos com pessoas que têm atitudes críticas, desdenhosas, cínicas..., é importante se tornar sua própria fonte de nutrição! Parece besteira e algo simplista, mas você tem muito a ganhar ao virar seu melhor amigo!

HOJE FOI UM ÓTIMO DIA. OBRIGADA E PARABÉNS!

Talento n. 5: capacidade de se escutar

Interagir com alguém em cuja presença você se sente vacilante, inseguro, impotente... pode ser um presente para você se conscientizar da sua incapacidade de entrar em contato com a sua experiência e necessidades insatisfeitas.

Com efeito, o que provoca uma experiência dolorosa não é a pessoa ou a situação propriamente dita, mas sim a sua incapacidade de, no mesmo instante, conectar-se consigo mesmo e respeitar seus sentimentos e necessidades. Se, a cada momento, você fosse capaz de escutar e satisfazer as suas necessidades, não sentiria nenhum desconforto com as pessoas em questão. A prova disso é que as pessoas que conseguem essa façanha reagem de forma clara, fluida e pacífica diante de situações que nos fazem perder o rumo. Então, se alguns conseguem, por que não você? Em meio ao caos, uma etapa-chave, **a autoempatia**, consiste em tomar consciência de TUDO o que estamos vivendo e de TUDO o que almejamos! É uma meditação intensa sobre si mesmo, na qual **você escuta os sentimentos e aspirações das diferentes partes de si mesmo**: de fato, pode haver dentro de você, por exemplo, partes que o estejam avisando de que alguma coisa está errada (é possível saber escutando as mensagens do seu corpo) e outras partes que estejam impondo silêncio às primeiras porque, de certa forma, elas se beneficiam, apesar de tudo, de certos aspectos do relacionamento etc.

Através da autoempatia, você aceitará todos os seus sentimentos, sejam eles agradáveis ou desagradáveis, para, em seguida, detectar as suas necessidades na raiz, no intuito de pilotar sua vida em função destas últimas.

Isso normalmente se realiza em quatro etapas, de preferência escritas, enquanto você ainda não estiver acostumado com elas:

1. Fazer um balanço do que a outra pessoa fez ou disse, da forma mais neutra possível!

2. Tomar consciência das suas experiências, dilemas etc. e acolhê-los **de braços abertos e honestidade para consigo mesmo**: anotar seus sentimentos, emoções e sensações.

3. Identificar e aceitar de forma **bondosa e contínua** todas as suas necessidades durante a situação. A partir desta etapa, você vai se sentir mais calmo e se compreender melhor. Se não for o caso, isso significa que ou você não detectou todas as suas necessidades, nem escutou todas as suas partes, ou você analisou os seus sentimentos de forma racional, sem acolhê-los com as suas tripas, ou então você ainda julga negativamente a outra pessoa ou você mesmo. Neste caso, anote os seus juízos de valor e conceda-se um espaço de autoempatia, no intuito de se conscientizar das necessidades que os seus julgamentos estão dissimulando.

4. Estudar se um pedido poderia satisfazer uma ou outra necessidade.

Exemplo:

Sua mãe, já idosa, ficou inválida, e você cuida dela da melhor forma possível, levando-a ao cabeleireiro, cozinhando boas refeições para ela etc. Você espera de coração que a sua ajuda amenizará os aspectos desagradáveis da velhice e aproximará vocês, pois ela nunca foi muito carinhosa. Pois bem, como agradecimento, ela lhe diz: "Você poderia cuidar melhor de mim, né? Você não passa de uma criança mimada".

Veja como a autoempatia poderia se manifestar nesse exemplo: em vez de pensar que a sua mãe é ingrata e injusta, você poderia acolher **A SI MESMO** com ternura:

Eu me sinto *ofendido(a), triste, decepcionado(a)...* **Porque as minhas necessidades de** *agradar, receber gratidão e afeição estão insatisfeitas.*
Ao mesmo tempo, eu me sinto feliz e em paz, pois sou bondoso(a) e escuto o meu coração, mesmo que a mamãe não perceba isso.

Depois de acolher a si mesmo, você pode buscar uma estratégia visando satisfazer uma das suas necessidades.

No exemplo citado, você poderia ter a ousadia de pedir para a sua mãe (não garanto que ela aceitará, mas, pelo menos, você terá feito a sua parte) lhe dizer uma coisa de que ela gosta em você. Ou então você poderia ir reler a sua árvore de competências e enriquecê-la com a qualidade **amor incondicional**. Depois, você poderia pensar em se desapegar das suas expectativas de afeição etc.

Bondade

Quando atribuímos aos outros a responsabilidade pelos nossos problemas, desperdiçamos a nossa energia "contra" os outros, em vez de utilizá-la para saciar as necessidades insatisfeitas que os nossos julgamentos dissimulam.

Todo julgamento prejudica o relacionamento e expressa de maneira inútil e ineficiente uma necessidade não saciada.

Talento n. 6: plenitude, alegria incondicional, sejam quais forem as circunstâncias!

Seja realista: conviver com pessoas cujas atitudes você encara como dominadoras, acusadoras, alternando sedução e ataques etc., não estimula em você nem plenitude nem alegria. Ao ser demasiado estimulado por tais comportamentos, você se torna desconfiado, agressivo, instável, defensivo... e, insidiosamente, abandona a si mesmo, o que não satisfaz as suas necessidades legítimas. Pois bem:

"As nossas necessidades são como uma força revigorante que circula dentro e através de nós, buscando realizar-se, no intuito de nos proporcionar vida e bem-estar. Elas revelam toda a beleza da nossa humanidade! Sentir em nós a energia luminosa das necessidades é algo que todos nós desejamos. Além disso, o fato de extrairmos a energia de uma necessidade satisfeita estimula a alegria e compaixão de cada um.

Todas as necessidades humanas são qualidades do coração: elas representam a 'vida dentro de nós', manifestando-se sob a forma de desejos, aspirações e valores, tais como amor, solidariedade, autenticidade, paz..."

Ensinamentos de Robert Gonzales

A magia de tudo isso é que **você pode aprender** a vivenciar a plenitude da beleza das necessidades, **mesmo quando elas não estão satisfeitas!** Seja qual for a sua situação, você pode adquirir a arte de "fingir", no intuito de experimentar a sensação de uma necessidade **de forma plena, e não vazia**. Você pode explorar o sentimento da beleza de uma necessidade e se impregnar dela. Aprender a provar a essência de uma necessidade, as emoções e sensações que ela lhe proporciona quando é saciada, vivenciar a plenitude dessas qualidades, estejam elas satisfeitas ou não, propicia realização pessoal e verdadeira felicidade, pois esta última não depende do mundo exterior!

Você se lembra da última vez em que sentiu entusiasmo? Não foi ao mesmo tempo benéfico e contagioso?

Essa prática age no seu estado de espírito, influencia a sua esfera relacional direta e, em virtude da lei da atração, provoca impacto em âmbitos mais sutis.

Exercício: **como você vivencia...**

Pegue um lápis ou caneta e leia os comentários sobre o exercício antes de praticá-lo.

1) Faça três minutos de silêncio, respire conscientemente, no seu ritmo, no intuito de alcançar uma calma interior propícia.

2) Escolha com que qualidade você quer se conectar: por exemplo, se você desejar adquirir *bondade para consigo mesmo*, escreva em um papel (que você relerá durante a sua exploração, principalmente se você costuma ficar imaginando histórias, em vez de sentir as coisas): *Como eu vivencio a bondade para comigo mesmo? Como o meu corpo a experimenta? Qual é a minha reação emocional?*

3) Sinta o que vier à tona em você, deixe-se invadir pelas sensações e emoções que surgirem, sem expectativas, sem comentários!

4) Após cerca de cinco minutos, quando você sentir que alguma coisa "se realizou", isto é, que você passou por uma espécie de "ciclo", saia dessa meditação devagar, respirando profundamente, para assimilar os benefícios dos sentimentos experimentados.

Comentários sobre essa prática

1. **Distinguir bem o seu pensamento a respeito de uma necessidade e o sentimento da energia de vida que ela irradia dentro de você.** O importante é se conectar à maneira como você experimenta o sentimento dessa qualidade. Você deve **vivenciar um processo físico e emocional**, e não uma conversa na sua cabeça, aprendendo a criar um novo modo de vida interior, ao qual, pouco a pouco, você terá acesso, sejam quais forem as circunstâncias.

2. Caso seja preciso, para facilitar a conexão com a energia de uma necessidade satisfeita, você pode se lembrar de um **momento em que você já tenha experimentado** a qualidade em questão ou pensar em uma pessoa que a encarne ou ainda ler sobre o assunto...

3. Permaneça de olhos fechados ou abertos, dependendo do jeito em que você sente melhor a plenitude da qualidade escolhida.

4. Se algumas emoções o sufocarem, aceite-as e, em seguida, volte a explorar a qualidade escolhida.

5. Pode ser que você comece explorando uma necessidade e continue naturalmente com outra necessidade ao longo do mesmo ciclo.

6. Às vezes, certas necessidades estão intrincadas com outras: por exemplo, a confiança e a autenticidade. Neste caso, explore cada uma dessas qualidades, de acordo com o seu impulso do momento.

7. Não é uma questão de sucesso ou fracasso: o essencial é a sua intenção de se familiarizar, a cada prática, com o sentimento da plenitude de uma necessidade, no intuito de se impregnar dela.

"Estamos tão condicionados a satisfazer nossas necessidades que nos esquecemos de reconhecer e tratar com carinho a essência delas em nosso coração. Todo sofrimento provém de um bloqueio da corrente de vida dentro de nós, quando ficamos ofuscados pelas nossas carências e não conseguimos nos reconectar com o sentimento de uma necessidade atendida."

Robert Gonzales

Talento n. 7: benevolência, força de caráter

Quando temos o hábito de vivenciar a plenitude da beleza das necessidades, estejam elas saciadas ou não, aumentamos nossas chances de sermos bem recebidos pela pessoa a quem estamos nos dirigindo. Quando estamos imbuídos da plenitude da beleza de uma necessidade, isso abre o nosso coração, o que se faz sentir. Expressamo-nos então com uma energia de entusiasmo e abundância, desprovida de medos, julgamentos ou expectativas. **Há uma grande diferença entre exprimir a beleza das nossas aspirações e deixar subentendidos os defeitos da outra pessoa!**

Isso porque, mesmo que as nossas palavras não sejam críticas, o nosso comportamento pode ser!

No entanto, é essencial não ficar esperando nenhum resultado. De fato, um resultado favorável nunca é garantido, principalmente com pessoas cujos comportamentos sejam narcisistas, pois a fragilidade psicológica delas faz com que tenham:

- um jeito de ser e agir focalizado nelas próprias, o que lhes dá pouco espaço para escutar os outros;

- temores e mesmo desconfiança de qualquer gesto capaz de abrir o coração, pois isso pode fazê-las perderem o controle, o qual, entretanto, parece-lhes indispensável para manter a situação sob o domínio delas. Portanto, se você abrir o seu coração, isso pode colocá-las na defensiva

➦ Além disso, elas sentem tanto mal-estar interior que, com frequência, precisam projetar suas tensões e negatividades nas pessoas ao redor, no intuito de se livrarem de tais emoções.

Ao se comunicar com a outra pessoa, o essencial é que ela escute o que é precioso para você, e não o que ela fez de errado!

Veja a seguir algumas dicas para saber se você se expressa sob o prisma da carência ou da plenitude:

Quando você se expressa sob o prisma da carência, fica contraído, ansioso, nervoso, esperando resultados.

Quando você fala sob o prisma da plenitude, fica determinado, descontraído, alegre, confiante e fluido. O essencial se mostra claro: o seu desejo de ser benevolente com cada um, em vez de querer obter alguma coisa do outro. Expressar-se na frente de um espelho pode fazer você tomar consciência do tipo de energia que o move!

Durante um diálogo difícil, você pode tecer observações neutras, falar sobre os seus sentimentos e necessidades, sem julgar ninguém, MAS... **se você não exprimir a energia da beleza e plenitude inerentes às suas necessidades, suas palavras muitas vezes correm o risco de serem vistas como reprimendas!**

Você só consegue expressar uma verdadeira linguagem do coração se já tiver entrado no seu próprio coração.

Jean-Charles Bouchoux diz:
"O perverso narcisista é incapaz de se encontrar ou de realmente encontrar o outro. [...] Ele usa o outro como um espelho, do qual ele tira os bons aspectos e no qual ele projeta suas más tendências. [...] Ele exterioriza o caos dele. [...] Não sente nem sofrimento, nem remorso. [...] O benefício que tira do jeito de ser e agir dele é tamanho (escapar de seu próprio sofrimento e loucura) que ele não consegue se questionar. "

O objetivo destas linhas não é desanimá-lo de se expressar com bondade, mas sim chamar mais uma vez a sua atenção para o objetivo deste caderno: **evoluir em termos de sabedoria.** *Não há sabedoria mais nobre do que exercer a sua benevolência e não ter nenhuma expectativa, a não ser encarnar o amor incondicional! Não é nada fácil... admito! Porém...*

Pinte as letras da frase abaixo.

Se eu treinar permanecer no espaço sagrado da bondade da alma, por um efeito de espelho, acabo atraindo-a na minha vida.

Exercício:

Pense em uma das suas necessidades insatisfeitas no seio do relacionamento difícil que você está vivendo e, depois, com ela em mente, pratique o exercício *como você vivencia* (página 47). Após praticar algumas vezes, quando **você sentir a plenitude** da beleza da necessidade em questão e não alimentar **nenhuma expectativa** de resultado, vá conversar sobre o assunto com a pessoa, como se você estivesse contando uma descoberta a respeito de si mesmo. **Não faça nenhum pedido a ela.** Se você for ouvido e o clima permanecer descontraído, parabéns!

Exemplo: **necessidade de estabilidade**

Dica: Se você achar que o seu problema de instabilidade esteja sendo causado pela outra pessoa, mesmo que você não lhe diga isso, ela perceberá a sua energia como uma reprimenda. Então, treine sentir as sensações que nascem quando essa necessidade é satisfeita e só vá conversar com a pessoa quando você saborear uma espécie de estabilidade pessoal e estiver firmemente conectado a ela!

Talento n. 8: desapego, aceitação

Em situações que nos causam problema de modo recorrente, desapegar-se, aceitar a realidade, fazer lutos, deixar o que está obsoleto partir, renunciar a certos sonhos, dizer **sim** ao que está aí, sem se resignar, pode ser às vezes doloroso, às vezes assustador e às vezes libertador!

Dizer SIM ao fluxo da vida, abandonar suas expectativas de resultado e querer mudar a si mesmo, e não os acontecimentos, abre o seu coração e realiza milagres!

Exercício:
Vou renunciar a ter expectativas ou esperar:

- [ ] escuta do meu ponto de vista e da minha boa-fé
- [ ] objetividade
- [ ] atenção a mim
- [ ] empatia
- [ ] generosidade
- [ ] compreensão
- [ ] transformação positiva do relacionamento
- [ ] estabilidade e calma
- [ ] justiça
- [ ] outro

A qual dessas expectativas você vai treinar renunciar primeiro?

....

Desenhe a si mesmo se desapegando dessa expectativa e ilustre o seu sentimento. Acolha-o com delicadeza.

↗ Deixar para trás não é se resignar, mas, sim, se abrir para outras possibilidades!

↗ Quando você se desapega com total liberdade, a sua paz, bem-estar pessoal e amor incondicional aumentam.

↗ Um verdadeiro desapego é doloroso, mas vem acompanhado de uma sensação de que isso é a coisa certa e uma abertura a tudo o que está vivo, mesmo que você esteja fazendo o luto de um relacionamento amado!

↗ Não esperar nada da outra pessoa e esperar tudo de si mesmo faz com que você dê passos de gigante em direção à maturidade, autonomia e alegria!

Talento n. 9: amor incondicional e empatia

O ato de praticar os talentos mencionados antes resulta obviamente em um amor incondicional e uma compreensão da **condição humana comum a todos**, o que se manifesta através da empatia. Você é empático com alguém quando, do mais profundo do seu coração, tenta compreender o que ele sente e ao que aspira, bem como o porquê dos atos dele, sem condenar, nem julgar.

A empatia mais sincera é a que se realiza no silêncio do seu coração: **ter contra a má sorte coração forte, sem se deixar dominar,** não tem nada a ver com desculpar a outra pessoa, mas sim crescer em termos de benevolência **graças** às imperfeições humanas!

> **"Quando eu sinto empatia pelo outro, é a mim que isso faz bem!"**
> **Pascale Molho**

Abraçar as sombras e as luzes de cada um e aceitar o ser humano do jeito que ele é nos liberta, mas, diante de personalidades com comportamentos manipuladores e afins, é um verdadeiro desafio ser empático de forma estável!

Vamos retomar o exemplo da pessoa que cuida da própria mãe e escuta:

Você poderia cuidar melhor de mim, né?

Sua empatia silenciosa pela mãe seria:

- Será que ela tem medo de ficar sozinha e precisa ter certeza de que eu estarei sempre ao seu lado? (Será que ela espera me controlar melhor me culpabilizando?)

- Será que ela se sente tão culpada por não ter sido muito carinhosa comigo que ela projeta em mim o egocentrismo dela, com a inconsciente esperança de se livrar desse comportamento?

Exercício:

Pense em uma dificuldade de relacionamento e busque descobrir dois sentimentos e duas necessidades que a outra pessoa tenha e que talvez a levem a se comportar com você do jeito que ela se comporta. Ou, pelo menos, tente encontrar explicações para a atitude dela.

Para isso, pergunte-se: *Será que ele(a) se sente... porque ele(a) talvez tenha necessidade de...*

A empatia silenciosa transforma profundamente o sentimento de quem a pratica: ela amolece o coração, faz bem, além de ser bem menos arriscada do que a empatia verbal com pessoas que têm medo da intimidade ou gentileza e que podem, portanto, recusá-las, mesmo que, no fundo, no fundo, elas as desejem e possam se beneficiar delas amplamente...

Conclusão

O contato com você mesmo é sagrado e transformador: tire um tempo para ficar a sós consigo mesmo, faça frequentemente um balanço sobre a situação e, em função das suas reflexões, peça ajuda, mas, acima de tudo, lembre-se do essencial:

> **A outra pessoa, que, em um primeiro momento, eu considero como responsável pelo meu sofrimento, pode ser um mestre que veio acordar o mestre que estava dormindo dentro de mim!**

Não há caminho mais penoso do que andar em companhia e mesmo amar pessoas com quem você sonha em ter um relacionamento simples, verdadeiro, fecundo, entusiasmante, respeitoso... mas que se recusam a isso ou demonstram atitudes que sabotam a convivência!
É um belo convite da vida a adquirir esses tipos de qualidade na ligação que cada um mantém consigo mesmo! Desejo isso a você de todo o coração!

Sentimentos experimentados quando as suas necessidades estão satisfeitas

À vontade, aberto, abismado, admirativo, afetuoso, afirmado, alegre, alentado, alimentado, aliviado, amoroso, animado, apaziguado, arrebatado, audacioso, bem-disposto, brilhante, brincalhão, calmo, cativado, cheio de esperança, comovido, compassivo, comprometido, concentrado, confiante, consolado, contente, curioso, desanuviado, descansado, descontraído, deslumbrado, desafogado, desperto, despreocupado, determinado, dinamizado, direcionado, dividido, efervescente, eletrizado, em expansão, em êxtase, em harmonia, emocionado, empolgado, encantado, enérgico, enlevado, enternecido, entusiasmado, envolvido, espantado, estimulado, eufórico, exuberante, fascinado, feliz, forte, grato, incentivado, inspirado, interessado, íntimo, intrigado, jovial, jubiloso, leve, liberado, livre, maravilhado, orgulhoso, otimista, pacífico, pleno, prazeroso, quieto, radiante, realizado, receptivo, refrescado, regenerado, relaxado, resoluto, resplandecente, revigorado, risonho, saciado, sapeca, satisfeito, seduzido, seguro, sensibilizado, sensível, sereno, siderado, sossegado, surpreso, tocado, tranquilo, vibrante, vivaz, vivificado, zen.

Sentimentos experimentados quando as suas necessidades estão insatisfeitas

Abalado, abatido, aborrecido, adormecido, aflito, agitado, alarmado, alterado, amargo, amedrontado, angustiado, aniquilado, ansioso, apavorado, apreensivo, arrasado, assombrado, assustado, aterrorizado, atolado, atônito, atormentado, atrapalhado, atribulado, aturdido, bloqueado, bravo, cansado, cético, chateado, chocado, com mal-estar, com raiva, confuso, consternado, constrangido, contrariado, crispado, de saco cheio, deprimido, desamparado, desanimado, desapontado, desconcertado, desconfiado, descontente, desesperado, desestabilizado, desfavorecido, desgostoso, desiludido, desligado, desmoralizado, desnorteado, desorganizado, desorientado, despedaçado, dilacerado, distante, dividido, em face de um dilema, embaraçado, engasgado, enlouquecido, esfomeado, esgotado, espantado, estressado, estupefato, exasperado, extenuado, ferido, fora de si, frágil, frustrado, furioso, gelado, hesitante, horrorizado, impaciente, impotente, incerto, incomodado, incrédulo, indeciso, indiferente, infeliz, inquieto, insatisfeito, insensível, intrigado, irado, irritado, magoado, mal, melancólico, moído, moroso, na defensiva, nervoso, no limite, perdido, perplexo, perturbado, pesado, pessimista, preocupado, prostrado, ranzinza, reservado, resignado, ressabiado, reticente, sacudido, saturado, sedento, sem energia, sem fôlego, sentido, sobrecarregado, sofrido, sombrio, sozinho, surpreso, tenso, transtornado, triste, vazio, vulnerável, zangado.

Palavras que devem ser evitadas a qualquer custo, pois refletem um juízo de valor dissimulado

Abandonado, acuado, acusado, afastado, agredido, ameaçado, apanhado em uma armadilha, assediado, atacado, burro, caçoado, caluniado, criticado, culpado, desconsiderado, desonrado, desprezado, desvalorizado, detestado, diminuído, dominado, enganado, enrolado, errado, esmagado, estúpido, explorado, forçado, humilhado, idiota, ignorado, iludido, importunado, incapaz, incompetente, incompreendido, indesejável, indigno, insultado, isolado, jogado, julgado, lamentável, largado, ludibriado, maltratado, manipulado, medíocre, miserável, não aceito, não acreditado, não amado, não ouvido, não visto, negligenciado, obrigado, ofendido, oprimido, pego em flagrante, perseguido, pressionado, prisioneiro, provocado, rebaixado, rejeitado, repudiado, ridicularizado, sem importância, sem valor, sufocado, tapeado, traído, trapaceado, usado, vencido, violado.

Necessidades fundamentais

Transcendência

Alegria, amor, beleza, consciência, desapego, espiritualidade, harmonia, ordem, paz, sabedoria, sagrado, serenidade, silêncio, simplicidade, unidade.

Celebração:

Da vida e suas realizações, dos lutos e perdas; partilha de alegrias e tristezas.

Revigoramento, distração

Bem-estar, brincadeira, calma, conforto, cura, diversão, equilíbrio, expressão sexual, fantasia, festa, humor, intimidade, lazer, prazer, relaxamento.

Interdependência

Abertura, aceitação, afeição, ajuda, amizade, amor, apoio, apreço, atenção, benevolência, carinho, colaboração, companhia, compaixão, compreensão, comunicação, concertação, conexão, confiança, consideração, contato, continuidade, cooperação, criação em conjunto, diálogo, doçura, empatia, escuta, expressão, fiabilidade, fidelidade, gratidão, honestidade, igualdade, intimidade, justiça, participação, partilha, pertencimento, reciprocidade, reconforto, respeito, ternura, tocar, ser tocado, tolerância.

Sentido

Ação, aprendizagem, clareza, coerência, concretização do seu potencial, consciência, contribuição para a vida, crescimento, criatividade, desenvolvimento, direção, discernimento, esperança, evolução, experimentar a intensidade da vida, fazer bom uso do seu tempo, inspiração, objetivo, participação, proximidade, realização pessoal, segurança, transparência.

Subsistência

Abrigo, água, ar, comida, cuidados, eliminação, espaço, estabilidade, luz, movimento, proteção, repouso, reprodução, respiração, saúde, segurança.

Integridade

Autenticidade, autoconfiança, autoestima, conexão consigo mesmo, direcionamento, equilíbrio, honestidade, identidade, respeito por si mesmo, pelo seu ritmo e seus valores, senso do seu próprio valor, unidade interior.

Autonomia

Autoafirmação, escolha dos seus sonhos, objetivos e valores, espontaneidade, independência, liberdade, poder sobre a sua vida, respeito pelo seu ritmo, solidão, tranquilidade, paz.

AGRADECIMENTOS

Eu gostaria de agradecer imensamente a Christiane Goffard, Sophie le Jeune, Michel van Bellinghen e Céline van de Wouwer pelo precioso apoio, que contribuiu de forma estimulante e relevante para este caderno ser escrito!
Obrigada também a Estelle Laval e Tamara Leclercq por me terem incentivado a abordar um tema tão delicado... principalmente quando consideramos cada ser humano como um caminho em direção à nossa humanidade, sem julgá-lo, nem condená-lo!

REFERÊNCIAS

ANDERSEN, M. *Les 10 facettes de la manipulation*. Bruxelas: Ixelles, 2013.
BÉHARY, W.T. *Face aux narcissiques*. Paris: Eyrolles, 2010.
BOUCHOUX, J.-C. *Les pervers narcissiques*. Paris: Eyrolles, 2009.
CHIA, M. *Métodos taoístas para transformar stress em vitalidade*. São Paulo: Cultrix, 1999.
COHEN, A. *Iluminação evolucionária*. Lisboa: Pergaminho, 2013.
VAN STAPPEN, A. *Caderno de exercícios para se afirmar e — enfim — ousar dizer não*. Petrópolis: Vozes, 2014.
_____. *Caderno de exercícios para cuidar de si mesmo*. Petrópolis: Vozes, 2013.
_____. *Petit Cahier d'exercices de CNV*. Genebra: Jouvence, 2010.

FONTES

Robert Gonzales: www.living-compassion.org
Centro de estudos "Le cycle des pionniers" ("O ciclo dos pioneiros"): www.cycledespionniers.com

Acesse a coleção completa em

livrariavozes.com.br/colecoes/caderno-de-exercicios

ou pelo Qr Code abaixo